AF389846

ALMANACH
DES MARCHÉS DE PARIS
Etrennes curieuses et comiques
avec des Chansons intéressantes
Dédié à Marie Barbe,
Fruitiere Orangere
Dessiné et gravé par M. Queverdo
A PARIS
Chez Boulanger, rue du Pt Pont
à l'Image Notre Dame
avec Privilege du Roi

RE MARQUES
pour la préſente Année
1787.

Epacte 11
Nombre d'Or . . . 2
Lettre Dom . . . . G
Cycle Solaire 4
Septuagéſime 4 Fevrier.
Cendres . . . . . . 21 Fevrier.
Pâques . . . . 8 Avril.
Ascension . . . . 17 Mai.
Pentecôte . . . . . . 27 Mai.
Trinité . . . . 3 Juin.
Fête Dieu . . . . . . 7 Juin.
Avent . . . . 2 Decemb.

JANVIER 178-

lun	1	Circoncision	
mar	2	S. Basile	
mer	3	S.te Geneviève	P. L.
jeu	4	S. Rigobert	
ven	5	S. Siméon	
sam	6	les Rois	
Di	7	Noël	
lun	8	S. Lucien	
mar	9	S. Julien	
mer	10	S. Guillaume	
jeu	11	S. Théodose	P. Q.
ven	12	S. Ferjus Ev.	
sam	13	S. Hilaire	
Di	14	S. Maur Ab.	
lun	15	S. Paul Herm.	
mar	16	Bapt. de N. S.	
mer	17	S. Antoine	
jeu	18	C. S. Pierre	
ven	19	S. Sulpice	N. L.
sam	20	S. Sebastien	
Di	21	S.te Agnès	
lun	22	S. Vincent	
mar	23	S. Ildephon.	
mer	24	S. Thimothée	
jeu	25	Conv. S. Paul	
ven	26	S.te Paule	P. Q.
sam	27	S. Jean Chrif.	
Di	28	S. Charlemag.	
lun	29	S. Fran. de S.	
mar	30	S. George	
mer	31	S.te Bathilde	

FEVRIER

jeu	1	S. Ignace	
ven	2	Purification	P. L.
sa	3	S. Vulgis Abbé	
Di	4	Septuages	
lun	5	SS. Vaast	
ma	6	S. Appolh.	
me	7	S. Jean de Ma	
jeu	8	SS. Romuald	
ven	9	SS. Silvain	
sa	10	S. Scholastiq.	D. Q
Di	11	Sexagesime	
lun	12	S. Lezin	
ma	13	S. Faustin	
me	14	S. Fulcran	
jeu	15	S. Ode V,	
ven	16	S. Honoré	
sa	17	S. Juliene	
Di	18	Quinquag.	N. L.
lun	19	S. Mayie	
ma	20	S. Omer	
me	21	Cendres	
jeu	22	Ch. S. Pier.	
ven	23	S. Onenine	
sa	24	S. Terade	
Di	25	Quadrag.	P. Q.
lun	26	S. Porphire	
ma	27	S. Lue	
me	28	Quatr T,	

Épacte 11
Lettre Domin. 6

		MARS	
jeu	1	S. Aubin	
ven	2	S. Simplice	
sa	3	Ste Cune op.	
Di	4	Remin.	P.L.
lun	5	S. Colette	
ma	6	S. Joachim	
me	7	Ste Perpetue	
jeu	8	S. Jea de D.	
ven	9	S. Claude	
sa	10	S. Doctrov.	
Di	11	deuil	
lun	12	S. Gregoire	D.Q.
ma	13	S. Simeon	
me	14	S. Zachar.	
jeu	15	S. Lubin Ev.	
ven	16	S. Vultran	
sa	17	Ste Gertrude	
Di	18	Lecture	
lun	19	S. Joseph	N.L.
ma	20	S. Eufro	
me	21	S. Benoit	
jeu	22	S. Paul Eveq.	
ven	23	S. Gabriel	
sa	24	S. Agapet	
Di	25	Judica	
lun	26	Annoncia	P.Q.
ma	27	S. Goutran	
me	28	S. Rupert	
jeu	29	S. Rieul	
ven	30	S. Guy	
sa	31	S. Acaire	

		AVRIL	
Di	1	*Rameaux*	P. L.
lun	2	S. Fr. de P.	
ma	3	S. Richard	
me	4	S. Ambroise	
jeu	5	S. Zenon	
ven	6	*Vend. S.*	
sa	7	S. Hegesipe	
Di	8	PAQUES	
lun	9	S. Marie E.	D. Q.
ma	10	S. Leon P.	
me	11	S. Druon	
jeu	12	S. Paterne	
ven	13	S. Jules	
sa	14	S. Tiburce	
Di	15	*Quasimo.*	
lun	16	S. Fructueu	
ma	17	S. Anicet	
me	18	S. Apollonie	N. L.
jeu	19	S. Timon	
ven	20	S. Aventin	
sa	21	S. Anselme	
Di	22	S. Clet	
lun	23	S. George	
ma	24	S. Beuve Ven	P. Q.
me	25	S. Maro *Abbé*	
jeu	26	S. Amen Er.	
ven	27	S. Anastase	
sa	28	S. Vital Mart.	
Di	29	S. Marie Eg.	
lun	30	S. Eutrope	

MAI

ma	1	S. Jaques S. Ph.	P. L.
me	2	S. Athanase	
jeu	3	Inv. Sᵉ Croix	
ven	4	Sᵗᵉ Monique	
sa	5	C. S. Aug.	
Di	6	S. Jean P. L.	
lun	7	S. Stanislas	
ma	8	Ap. S. Michel	
me	9	S. Gr. de Na.	
jeu	10	S. Jules	D. Q
ven	11	S. Mamer	
sa	12	S. Pancras	
Di	13	S. Pacome	
lun	14	Rogations	
ma	15	S. Isidore	
me	16	S. Honore	
jeu	17	Ascension	N. L.
ven	18	S. Venant	
sa	19	S. Yves	
Di	20	S. Felix	
lun	21	Sᵗᵉ Julie	
ma	22	S Donatien	
me	23	S. Didier	
jeu	24	S Hospice	P. Q
ven	25	S. Urbain	
sa	26	Vig. jeu.	
Di	27	PENTECOTE	
lun	28	S. Germain	
ma	29	S. Firmin	
me	30	Quat. T.	
jeu	31	Sᵗᵉ Petronille	P. L.

JUIN

ven	1	S. Pamphile	
sa	2	S. Pothin	
Di	3	*Trinité*	
lun	4	S. Optat	
ma	5	S. Boniface	
me	6	S. Claude	
jeu	7	*Fête Dieu*	
ven	8	S. Medard	D. Q
sa	9	S. Gildard	
Di	10	S. Landry	
lun	11	S. Barnabé	
ma	12	S. Onuphre	
me	13	SS. Ant. de Pad.	
jeu	14	S. Rufin	
ven	15	S. Guy	N. L.
sa	16	S. Cyr	
Di	17	S. Avit Abbé	
lun	18	Ste Marine	
ma	19	S. Gervais	
me	20	S. Silvère	
jeu	21	S. Leufroy	
ven	22	S. Paulin	P. Q
sa	23	*Vig. Jeûne*	
Di	24	Nat. S. J. Bap	
lun	25	Tr. S. Eloy	
ma	26	Theodore	
me	27	S. Crescent	
jeu	28	*Vig. Jeûne*	
ven	29	S. Pier. S. Paul	
sa	30	Com. S. Paul	P. L.

Le bon Portugal: Oranges fines.

HENRI IV AU PONT-NEUF, OU LES ORANGES.

Ronde.

Air de la Partie de Chasse de Henri IV.
Vive Henri-quatre, vive ce Roi vaillant!

Fines Oranges
Qui flattent tous les goûts!
Beautés des Anges,
Venez, approchez-vous ;
Prenez nos Oranges;
Le parfum en est doux.

La jeune Orange,
S'approchant d'un ton doux,
Dit: moi j'en mange;
Combien les vendez-vous?
Ah! Beauté d'un Ange,
Est-ce trop de dix sous?

5

J'en donne quatre.
Allez, je vous en ... sous.
Sans rien rabattre,
Eh tenez, voyez-vous ?
Ce bon Henri - quatre
Nous les payoit cent sous.

______

Oui-dà, Madame !
Il vous payoit en Roi,
Et sa grande ame
Lui faisoit une loi
Envers toute femme,
D'être toujours courtoi'.

La Vallée, Marché à la Volaille.

LA VOLAILLE OU LES DINDONS.

Chansonnette.

Air d'Annette et Lubin :

C'est la Fille à Simonette qui
porte un panier d'œufs frais.
Quoi ! parmi tant de Caillettes,
Monsieur choisit un Dindon !
A-t-il bien mis ses lunettes ;
Lui-même est-il un Oison ?
Blâmons dans nos chansoñettes
Le choix de ce vieux garçon.
A vieux Coq, jeunes Poulettes ;
Voilà ce qu'il faut, dit-on.

———

Que dites-vous là, Perette ?
Mais vous en savez bien long.

On aime la Viande faite,
A son âge; on a raison.
Ne blâmez donc pas l'emplette
Qu'a faite Monsieur Orgons
N'a pas qui veut, ma Poulette,
En ce temps-ci, des Dindons.

———

Sur ce point, vaille que vaille,
Ecoutez defunt Piron ;
Il faisoit, dans la Volaille,
Un très-grand cas d'un Dindon.
Chaque chose, sur la terre,
A son prix ou ses appas ;
Et les Dindons de Cythere,
Sont les seuls qu'on n'aime pas.

Marché au Poisson.

LES POISSARDES,
OU
LE MARCHÉ AUX POISSONS.

Chansonnette Grivoise.

Air de Manon Giroux.

Margot, la vieille Poissarde,
  L'air de cris remplit ;
Et sa langue babillarde
  Jamais ne tarit.
Comme l'poisson qui fertille,
  All'entend raison :
All'est vieille, laide et fille.
  Ça n'sent pas fort bon.

———

Un jour, pour ed'la morue
  Qui puoit aussi,

Et qu'all'avoit trop vendue,
   Y'eut charivari
Avec un siecque d'son âge :
   .N'la ben des raisons,
Dit-all' en faisant tapage ;
   „Eh ben, j'la mang'rons.

———

Du Diab' faut avoir, tredame !
   Le corps entiché.
Admirez sa grändeur d'âme
   All' defait l'marché.
Z'un chacun reste en extase
   Su'z'un pareil trait ;
Et puis, pour finir ma phrase,
   L'admire et se tait.

La Rue au Fer, Marché aux fleurs.

LES FLEURS.

Chansonnette.

Air du Vaudeville du Roi
et du Fermier :   Il n'est
qu'un pas du mal au bien.

Lison, gentille Jouvencelle,
Vient, dit-on, de perdre une fleur
D'un eclat et d'une fraîcheur...
Semblable à la rose nouvelle.
Ah ! si ces fleurs-là se vendoient
Que de Fillettes en prendroient.

———

Dans ce marche que fait la Belle,
Avec son chien dessous son bras ?
Lisette, vous perdez vos pas :
On ne redevient point pucelle ;

A moins qu'on n'ait certains secrets
Qui ne reussissent jamais.

———

Les Roses que vend Fanchonnette
Brillent bien plus que celle-la
Qu'un jeune Egrillard vous vola,
Certain soir dans votre Cuvette.
Laissez faire.. un Epoux viendra
Qui rajustera tout cela.

———

A combien de jeunes Fillettes
Ce secret a-t-il reussi ?
Pour cela, vive un bon mari !
C'est la meilleure des recettes !
Croyez que Lise en profita
Son Histoire finit par la.

LES FLEURS.

Chansonnette.

Air du Vaudeville du Roi
et du Fermier :   Il n'est
qu'un pas du mal au bien.

Lison, gentille Jouvencelle,
Vient, dit-on, de perdre une fleur
D'un éclat et d'une fraîcheur...
Semblable à la rose nouvelle.
Ah! si ces fleurs-là se vendoient
Que de Fillettes en prendroient.

─────────

Dans ce marche que fait la Belle,
Avec son chien dessous son bras?
Lisette, vous perdez vos pas :
On ne redevient point pucelle ;

A moins qu'on n'ait certains secrets
Qui ne réussissent jamais.

———

Les Roses que vend Fanchonnette
Brillent bien plus que celle-là
Qu'un jeune Egrillard vous vola,
Certain soir dans votre Cuvette,
Laissez faire.. un Epoux viendra
Qui rajustera tout cela.

———

A combien de jeunes Fillettes
Ce secret a-t-il réussi ?
Pour cela, vive un bon mari !
C'est la meilleure des recettes !
Croyez que Lise en profita
Son Histoire finit par là.

Les Ecosseules.

Vadé A LA HALLE,

OU LES ÉCOSSEUSES.

Air: Des Écosseuses.

Près de cette Écosseuse
Voyez-vous ce Grivois,
De sa flamme amoureuse
Annoncer les exploits !
Vous le croyez tout de bon
Un oison
Sans raison,
Soyez depersuadé ;
Reconnoissez Vadé.

———

Amant de la Nature,
Il la prend sur le fait.
Ainsi de la Peinture

Greuze apprit le secrèt.
Artistes, imitez-les :
　　Voyez d'pres
　　Les objets.
Le moyen d'bien reussir,
　　C'est de les bien saisir.

———

　　Je haïs ces gens fantasques,
En beau qui veulent tout ;
Ils n'aiment que les masques;
(Permis d'avoir son goùt.)
Pour moi j'aime autant Goton,
　　Et Suzon,
　　　Et Fanchon,
Qu'une dupe estimera
Nos Sœurs de l'Opera.

Les gros Gobets à la courte queue.

MADAME URGANDE
OU LES CERISES.
Chanson.

Air: Ce mouchoir, belle Raymonde.

La Belle, êtes-vous friande ?
V'nez tâter de ces gobets.
Est-ce que ça se demande ?
Regardez comme ils sont faits.
Approchez, Madame Urgande ;
Le doigt de cet Egrillard,
Avec une réprimande,
Mérite au moins un regard.

———

Les gobets à courte queue
Sont à coup sûr les meilleurs ;

Fille les sent d'une lieue,
Et n'en va chercher ailleurs.
Qu'elle polissonnerie !
Monsieur, laissez cela là.
Urgande n'a de sa vie
Vû chose comme cela.

En le repoussant, Urgande
Savoit qu'elle l'attiroit ;
Elle entend ce qu'il demande
Par un geste aussi parfait.
Aussi nous dit-on qu'Urgande,
En avalant les gobets,
Disoit qu'elle etoit friande
De ceux que l'Amour a faits.

JANVIER

Perte	Gain
1	1
2	2
3	3
4	4
5	5
6	6
7	7
8	8
9	9
10	10
11	11
12	12
13	13
14	14
15	15

JANVIER

Perte	Gain
16	16
17	17
18	18
19	19
20	20
21	21
22	22
23	23
24	24
25	25
26	26
27	27
28	28
29	29
30	30

FÉVRIER	
Perte	Gain
1	1
2	2
3	3
4	4
5	5
6	6
7	7
8	8
9	9
10	10
11	11
12	12
13	13
14	14
15	15

FÉVRIER

Perte	Gain
16	16
17	17
18	18
19	19
20	20
21	21
22	22
23	23
24	24
25	25
26	26
27	27
28	28
29	29
30	30

MARS	
Perte	Gain
1	1
2	2
3	3
4	4
5	5
6	6
7	7
8	8
9	9
10	10
11	11
12	12
13	13
14	14
15	15

MARS	
Perte	Gain
16	16
17	17
18	18
19	19
20	20
21	21
22	22
23	23
24	24
25	25
26	26
27	27
28	28
29	29
30	30

AVRIL

Perte	Gain
1	1
2	2
3	3
4	4
5	5
6	6
7	7
8	8
9	9
10	10
11	11
12	12
13	13
14	14
15	15

AVRIL

Perte	Gain
16	16
17	17
18	18
19	19
20	20
21	21
22	22
23	23
24	24
25	25
26	26
27	27
28	28
29	29
30	30

MAI

Perte	Gain
1	1
2	2
3	3
4	4
5	5
6	6
7	7
8	8
9	9
10	10
11	11
12	12
13	13
14	14
15	15

MAI	
Perte	Gain
16	16
17	17
18	18
19	19
20	20
21	21
22	22
23	23
24	24
25	25
26	26
27	27
28	28
29	29
30	30

JUIN	
Perte	Gain
1	1
2	2
3	3
4	4
5	5
6	6
7	7
8	8
9	9
10	10
11	11
12	12
13	13
14	14
15	15

JUIN	
Perte	Gain
16	16
17	17
18	18
19	19
20	20
21	21
22	22
23	23
24	24
25	25
26	26
27	27
28	28
29	29
30	30

JUILLET

Perte	Gain
1	1
2	2
3	3
4	4
5	5
6	6
7	7
8	8
9	9
10	10
11	11
12	12
13	13
14	14
15	15

JUILLET	
Perte	Gain
16	16
17	17
18	18
19	19
20	20
21	21
22	22
23	23
24	24
25	25
26	26
27	27
28	28
29	29
30	30

1
2
3
4
5
6
7
8
9
10
11
12
13
14
15

AOUT	
Perte	**Gain**
1	1
2	2
3	3
4	4
5	5
6	6
7	7
8	8
9	9
10	10
11	11
12	12
13	13
14	14
15	15

AOUT	
Perte	Gain
16	16
17	17
18	18
19	19
20	20
21	21
22	22
23	23
24	24
25	25
26	26
27	27
28	28
29	29
30	30

SEPTEMBRE

Perte	Gain
1	1
2	2
3	3
4	4
5	5
6	6
7	7
8	8
9	9
10	10
11	11
12	12
13	13
14	14
15	15

SEPTEMBRE	
Perte	Gain
16	16
17	17
18	18
19	19
20	20
21	21
22	22
23	23
24	24
25	25
26	26
27	27
28	28
29	29
30	30

OCTOBRE

Perte	Gain
1	1
2	2
3	3
4	4
5	5
6	6
7	7
8	8
9	9
10	10
11	11
12	12
13	13
14	14
15	15

OCTOBRE

Perte	Gain
16	16
17	17
18	18
19	19
20	20
21	21
22	22
23	23
24	24
25	25
26	26
27	27
28	28
29	29
30	30

NOVEMBRE

Perte	Gain
1	1
2	2
3	3
4	4
5	5
6	6
7	7
8	8
9	9
10	10
11	11
12	12
13	13
14	14
15	15

42

NOVEMBRE

Perte	Gain	
16	16	1
17	17	2
18	18	3
19	19	4
20	20	5
21	21	6
22	22	7
23	23	8
24	24	9
25	25	10
26	26	11
27	27	12
28	28	13
29	29	14
30	30	15

DECEMBRE

Perte	Gain
1	1
2	2
3	3
4	4
5	5
6	6
7	7
8	8
9	9
10	10
11	11
12	12
13	13
14	14
15	15

DE CEMBRE

Perte	Gain
16	16
17	17
18	18
19	19
20	20
21	21
22	22
23	23
24	24
25	25
26	26
27	27
28	28
29	29
30	30

LES ABRICOTS.

Chanson,

Air : Chanson, chanson.

Avec gorge tant soit peu nue,
On sait qu'on trouve dans la rue
    Plus d'un Chalant :
Ainsi Margot qui vouloit vendre,
Crioit un jour à tète fendre
    J'ai du plein-vent.

—————

Un de ceux-là que rien n'arrète
L'aborde, chapeau sur la tète,
    En fier à-bras ;
Cherchant moins, sans que je le dise,
A fourrager sa marchandise,
    Que ses Appas.

Que faites-vous la, beau jeune home?
(C'est ainsi que Margot le nomme,
En son propos.)
Allez, vous m'empêchez de vendre.
C'étoit dire : Venez me prendre
Mes Abricots.

———

Il avoit autre chose à faire ;
Margot trouvant la chose claire,
Lui dit ces mots :
Tenez, Monsieur, je veux tout vendre,
Vous tout avoir...Vous pouvez prendre
Mes Abricots.

La Marchande d'Abricots.

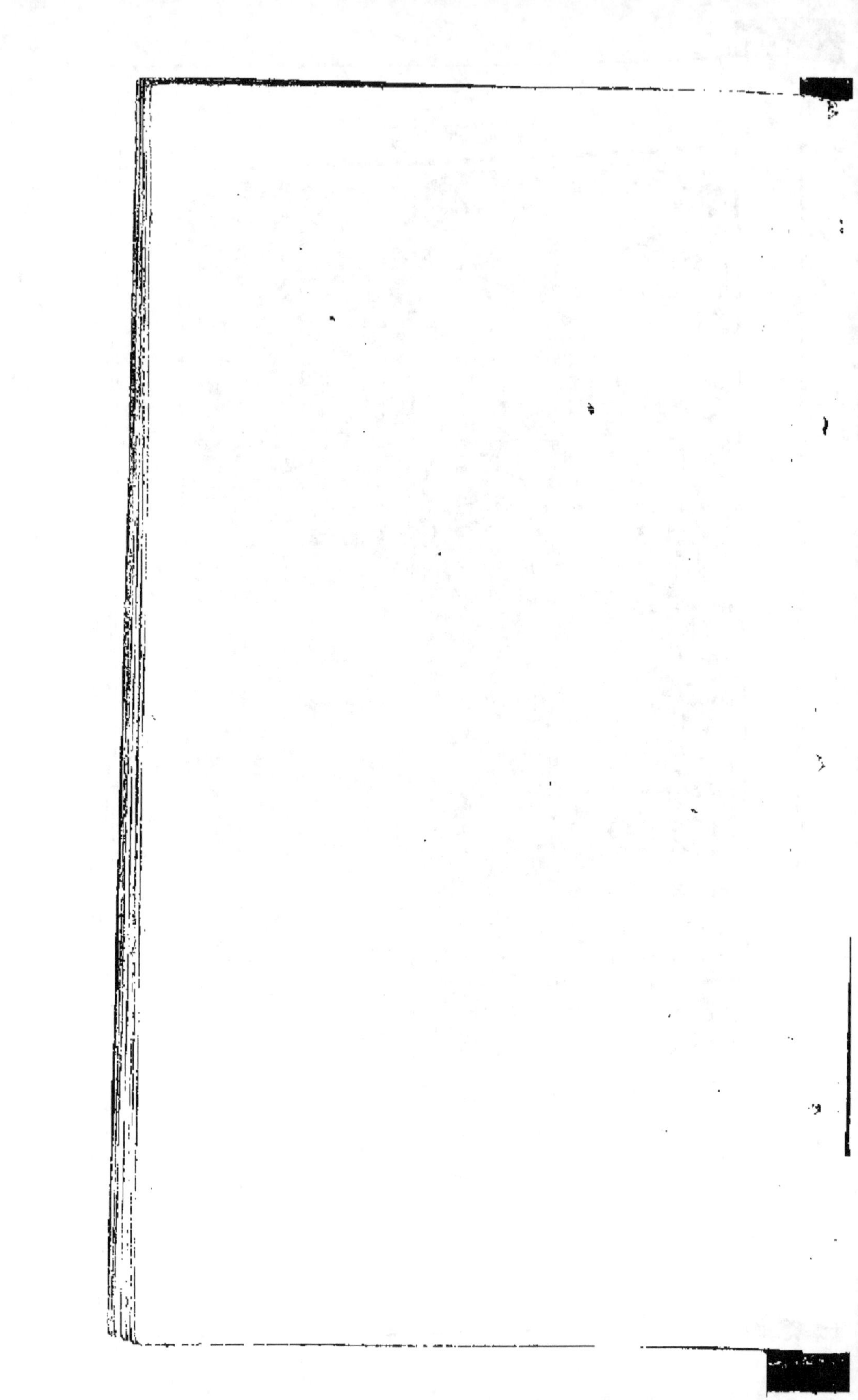

LA MARCHANDE DE CRÈME.

Chanson.

Air du Vaudeville de la Rosiere:
Chantez, dansez, amusez-vous.

Fanchon jeune et faite à ravir
Vendoit ce que bien du monde aime ;
Vous croiriez que c'est du plaisir,
Non, Fanchon vendoit de la crème ;
Le plaisir, elle le donnoit ;
Mais sa crème, elle la vendoit.

De sa croisée, un jour, Mondor
Par hasard apperçut la Belle,
Voilà qui vaut son pesant d'or,
Dit-il, mandons la Jouvencelle ;
Nous aurons bon marché du lait
Que nous vendra ce jeune objet.

On appelle notre Fanchon ;
La voila dans l'Hôtel entrée :
Le Suisse, en la lorgnant, dit-on,
Sentit sa grosse ame altérée ;
Fanchon, et la crème et le lait,
Deja des yeux il devoroit.

————

Venez, lui dit Monsieur la Fleur,
Jeune Laquais dont le corsage
D'un tel nom meritoit l'honneur :
Monseigneur aime le laitage.
Monseigneur s'impatientoit,
Quand voila Fanchon qui paroit.

————

Dire ce qu'il en arriva,
N'est point, je crois, fort necessaire :
C'est que Monseigneur acheta
Le lait, la crème et la Crèmiere,
Quand son Laquais au doux maintien,
Avoit crème et Fanchon pour rien.

La Marchande de Crême.

LES MELONS, OU LA GUINGUETTE.

Chanson.

Air: Du Serin qui te fait envie,
Eglé, je te fais le présent: ou
Des simples jeux de son enfance.

Les Amis de l'heure présente,
Ont le naturel du melon ;
Il faut en essayer cinquante,
Avant d'en rencontrer un bon.
Point de Morale à la Guinguette ;
Egle n'en peut pas dire autant ;
Ne le peut pas... Car la Poulette
Sait plumer le Coq tout vivant.

―――――

Elle a des Amis dans sa manche,
Dont elle a trop bien profite.

Les jours ouvrables, le dimanche,
La Belle est toujours en gaîté.
Avec la chanson, la bouteille,
Rire à la bouche et verre en main,
Elle enivre Orgon sous la treille,
D'Amour, de plaisir et de vin.

C'est le pauvre diable qui paye ;
Mais à ce que je vois plus loin,
Je crois que tous ceux qu'il défraye,
Pour son malheur, ne sont pas loin.
Egle feint de ne pas connoître
Ce Grivois qui tient un melon,
Tandis qu'elle en aura peut-être,
Dès ce soir, la digestion.

V'la le Melon , v'la le sucré...

LE RAISIN, OU COLINETTE,

Chanson.

Air de la Romance du Tonnelier: Dans un Verger Colinette
vit un jour de beau Raisin.

Vous croyez que Colinette
Ne mange plus de raisin,
Depuis que la Bergerette
Vit l'Amour dans un Jardin;
Vous vous trompez, la Fillette
Aime toujours le raisin.

Le fruit de cette aventure
Lui valut un fruit divin;
Neuf mois après la piqûre,
Elle eut un petit bambin,

Aussi joli, je vous jure,
Que son chèr Papa Lubin.

Il est plus d'une Poulette
Qui, sans penser au danger,
Loin de leur Mere, en cachette,
Comme elle, vont vendanger ;
Et qui, d'un coup de serpette,
Se blessent sans y songer.

Cette faute une fois faite,
On marche d'un pas certain ;
Dans les vignes d'amourette,
C'est alors qu'on va grand train.
Voila pourquoi Colinette
Aime toujours le raisin.

M.^d de Chasselas à la livre.

LES MARRONS.

Chanson.

Air: Comme un oiseau.

Dans ce mois où chacun frissonne,
Qu'est-ce que vous voulez qu'on doñe,
      Jeunes Tendrons ?
La viande est trop fraîche et trop dure,
Pour moi, j'aime dans la froidure,
      De bons Marrons.

Tandis que sa Mère mesure,
A cet Egrillard en fourrure,
      Quelques Litrons;
Voyez de quel cœur Babet s'ouvre
A cet autre qui lui decouvre
      Deux jolis Monts.

Voyez cet autre Nicodème,
Son Futur au visage blême,
            Qui montre au doigt
Ce que chacun, tournant la tête,
Et sans employer de lunette
            Deja conçoit :

———

C'est que le Dieu du Cocuage
Sera toujours dans son menage,
            Son seul Patron ;
Et que Babet, en femme habile,
En mesurera plus d'un mille
            Dans son Litron.

Marrons bouillis ils brulent la poche

DAME GERTRUDE,
OU LE BOUDIN.

Chanson.

Air: On compteroit les diamants.

Mon Dieu! le beau bout de Boudin,
Dit, en le lorgnant, cette Prude!
Eh bien! lui dit ce gros Câlin,
Achetez-en, Dame Gertrude!
Aussi-tôt dit, aussi-tôt fait.
En pareil cas, la friandise,
Dans un jeune et charmant objet,
Est, je crois, chose très-permise.

C'est marché donné que cela,
Disoit Gertrude dans son ame!

Croyez-vous qu'elle avalera
Tant de Boudin, la bonne Dame?
Voilà les propos de ces gens
Qui jugent de tout sur la mine.
Gertrude rit à leurs dépens,
Et s'en va faire sa cuisine.

———

Son Mari tombe de son haut,
En voyant le plat sur la table;
Est-ce là bien ce qu'il te faut,
Dit-il, en faisant l'agréable?
Oui-dà! répond naïvement
La douce et simple Créature;
Car l'autre jour, chez Clidamant,
J'en eus un de cette mesure.

Du bon Boudin gras et falé.

JUILLET

Jour		Fête	Lune
Di	1	S. Martial	
lun	2	Visitau. de N.D	
ma	3	S. Anatole	
me	4	Tr. S Martin	
jeu	5	Se Zoé Mart.	
ven	6	Se Aubierge	
sa	7	S. Goar Prêtre	D. Q
Di	8	S. Tranquile	
lun	9	S. Cyrille	
ma	10	— Freres Mar	
me	11	Tr. S. Benoit	
jeu	12	S. Jean Abbé	
ven	13	S. Turiaf Ab	
sa	14	S. Bonavent	N. L.
Di	15	S. Henri	
lun	16	S. Eustase	
ma	17	S. Sperat	
me	18	S. Clair	
jeu	19	Se Arsene	
ven	20	Se Marguerite	
sa	21	S. Victor	
Di	22	Se Magdelaine	P. Q
lun	23	S. Apollinaire	
ma	24	Jour. Cante.	
me	25	S. Jacq. S. Chr.	
jeu	26	Tr. S Marcel	
ven	27	S. Pantaleon	
sa	28	Se Anne	
Di	29	Se Marthe	
lun	30	S. Ours Eveq.	P. L.
ma	31	S. Germ. Aux.	

		AOUT	
me	1	S. Pier. ég.lie	
jeu	2	S. Athanaie	
ven	3	Inv. S.t Étien.	
sa	4	S. Dominique	
Di	5	S. Yon Mart.	
lun	6	Tr. de N. S.	D. Q.
ma	7	S. Gaetan	
me	8	S. Justin	
jeu	9	S. Spire Evêq	
ven	10	S. Laurent	
sa	11	Suscep. S.te Cr.	
Di	12	S.te Claire	
lun	13	S. Hippol.	N. L.
ma	14	S. Gerant	
me	15	Assomption	
jeu	16	S. Roch	
ven	17	S. Mammes	
sa	18	S.te Helene	
Di	19	S. Louis Evêq.	
lun	20	S. Bernard	P. Q.
ma	21	S. Privat	
me	22	S. Simphorien	
jeu	23	S. Ernen Ev.	
ven	24	S. Barthelemi	
sa	25	S Louis	
Di	26	Fin des J. Can	
lun	27	S. Cesaire	
ma	28	S. Augustin	P. L.
me	29	Decoll. S. J.B.	
jeu	30	S. Fiacre	
ven	31	S. Mederic	

		SEPTEMBRE	
sa	1	S. Leu S. Gil.	
Di	2	S. Lazare.	
lun	3	S. Gregoire	
ma	4	Se Rosalie	D. Q
me	5	S. Victorin	
jeu	6	S. Onesipe	
ven	7	S. Cloud	
sa	8	Nativité N. D	
Di	9	S. Omer Ev.	
lun	10	S. Nicol. de Tol	
ma	11	S. Patient	N. L.
me	12	S. Serdot	
jeu	13	S. Maurille	
ven	14	Ex. S. C.	
sa	15	S. Evre	
Di	16	S. Cyprien Ev.	
lun	17	Se Euphem.	
ma	18	S. Lambert	
me	19	Quat. T.	P. Q.
jeu	20	S. Janvier	
ven	21	S. Matthie	
sa	22	S. Maurice	
Di	23	Se Thecle	
lun	24	S. Andoche	
ma	25	S. Firmin	
me	26	Se Justine	
jeu	27	S. Come S. Da	P. L.
ven	28	S. Ceran	
sa	29	S. Michel	
Di	30	S. Jerome	

OCTOBRE

lun	1	S. Remi	
ma	2	S.s Anges Gar	
me	3	S. Denis Areo	
jeu	4	S. François	P. Q.
ven	5	Se Aure	
sa	6	S. Bruno	
Di	7	S. Serge	
lun	8	Se Brigitte	
ma	9	Se Denis	
me	10	Se Telchide	
jeu	11	S. Pion	N. L.
ven	12	S. Geraut	
sa	13	S. Edouard R	
Di	14	S. Calixte Pa	
lun	15	Se Therese	
ma	16	S. Bertrand	
me	17	S. Cerbonav	
jeu	18	S. Luc Evan	P. Q.
ven	19	S. Savinien	
sa	20	S. Caprais	
Di	21	Se Urfule	
lun	22	S. Mellon	
ma	23	S. Hilarion	
me	24	S. Magloire	
jeu	25	S. Crépin S. Cr	P. L.
ven	26	Se Celnie	
sa	27	S. Rogatien	
Di	28	S. Simon S. Ju	
lun	29	S. Narcisse	
ma	30	S. Patrice	
me	31	Vig. Jeune	

NOVEMBRE

jeu	1	Toussaint	
ven	2	Trepasses	D. Q.
sa	3	S. Marcel	
Di	4	S. Charles	
lun	5	S. Berule	
ma	6	S. Leonard	
me	7	S. Achille	
jeu	8	S. Reliques	
ven	9	S. Maturin	N. L.
sa	10	S. Edme	
Di	11	S. Martin Ev.	
lun	12	S. Rene	
ma	13	S. Brice	
me	14	S. Laurent Ev.	
jeu	15	S. Halo	
ven	16	S. Eucher	
sa	17	S. Agnan	
Di	18	S. Aude	P. Q.
lun	19	S. Elizabeth	
ma	20	S. Edmont	
me	21	Presenta. N. D.	
jeu	22	S. Cecile	
ven	23	S. Clement	
sa	24	S. Florence	
Di	25	S. Catherine	P. L.
lun	26	S. Gen. des Ar.	
ma	27	S. Vital	
me	28	S. Etien. So.	
jeu	29	S. Saturnin	
ven	30	S. André	

DÉCEMBRE

sam	1	S. Elœ Ev.	D. Q.
Di	2	Avent	
lun	3	S. Mesmin	
mar	4	S^e Barbe	
me	5	S. Sabas	
jeu	6	S. Nicolas	
ven	7	S. Ambroise	
sa	8	Conception	
Di	9	S. Léocade	N. L.
lun	10	S^e Valère	
mar	11	S. Damas	
me	12	S. Valery	
jeu	13	S^e Luce	
ven	14	S. Macaire	
sa	15	S. Eusèbe	
Di	16	S. Josse Solit.	P. Q.
lun	17	S. Philogo.	
mar	18	S. Olimpiad	
me	19	Quat. T.	
jeu	20	S. Julien	
ven	21	S. Thomas	
sa	22	S. Honorat	
Di	23	S^e Victoire	
lun	24	Vig. Jeu.	P. L.
mar	25	NOEL	
me	26	S. Étienne	
jeu	27	S. Jean Ev.	
ven	28	S S. Innocens	
sa	29	S. Roger	
Di	30	S. Thomas Can.	
lun	31	S. Silvestre	D. Q.

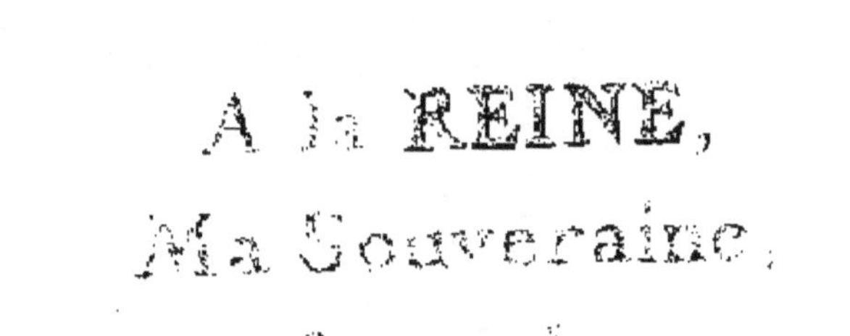

A la REINE,
Ma Souveraine,
Dieu donne bon an.

SOUVENIR